BEI GRIN MACHT SICH IHR WISSEN BEZAHLT

- Wir veröffentlichen Ihre Hausarbeit,
  Bachelor- und Masterarbeit

- Ihr eigenes eBook und Buch -
  weltweit in allen wichtigen Shops

- Verdienen Sie an jedem Verkauf

Jetzt bei www.GRIN.com hochladen und kostenlos publizieren

Klinische Psychologie. Gesundheitsförderung und -beratung

Bibliografische Information der Deutschen Nationalbibliothek:

Die Deutsche Nationalbibliothek verzeichnet diese Publikation in der Deutschen Nationalbibliografie; detaillierte bibliografische Daten sind im Internet über http://dnb.d-nb.de abrufbar.

ISBN: 9783346884244
Dieses Buch ist auch als E-Book erhältlich.

© GRIN Publishing GmbH
Trappentreustraße 1
80339 München

Druck und Bindung: Books on Demand GmbH, Norderstedt Germany
Gedruckt auf säurefreiem Papier aus verantwortungsvollen Quellen

Das vorliegende Werk wurde sorgfältig erarbeitet. Dennoch übernehmen Autoren und Verlag für die Richtigkeit von Angaben, Hinweisen, Links und Ratschlägen sowie eventuelle Druckfehler keine Haftung.

Das Buch bei GRIN: https://www.grin.com/document/1361516

Einsendeaufgaben

Klinische Psychologie II (Gesundheitsförderung und – beratung)

Aus Gründen der Leserlichkeit wird auf eine gleichzeitige Verwendung der Sprachformen männlich, weiblich und divers (m/w/d) verzichtet. Sämtliche Personenbezeichnungen gelten gleichermaßen für alle Geschlechter

Inhaltsverzeichnis

Abkürzungsverzeichnis

Abb.	Abbildung
Aufl.	Auflage
bspw.	beispielsweise
bzw.	beziehungsweise
DGFB	Deutsche Gesellschaft für Beratung
ebd.	ebenda
Hrsg.	Herausgeber
i.d.R.	in der Regel
o.g.	oben genannte
o.S.	ohne Seitenangaben
sog.	sogenannte
u.a.	unter anderem
vgl.	vergleiche
WHO	Weltgesundheitsorganisation (World Health Organization)

Abbildungsverzeichnis

B1: Gesundheitskompetenz und – förderung

1.1 Ottawa-Charta zur Gesundheitsförderung

Bevor auf den Aspekt der Gesundheitsförderung eingegangen wird, ist es zunächst essentiell, den Terminus *Gesundheit* zu definieren. In der Literatur existiert hinsichtlich des Gesundheitsbegriffes eine Vielzahl an unterschiedlichen Definitionen, wobei sich die Mehrheit der Autoren auf die Definition der WHO bezieht. Der WHO zufolge, handelt es sich bei *Gesundheit* um einen Zustand, welcher sich nicht ausschließlich auf das Fehlen von Krankheit und „Gebrechen" stützt, sondern auch das absolute körperliche, geistige und soziale Wohlergehen erfordert. Diese biopsychosoziale Sichtweise bildet den Kern der heutigen und modernen Gesundheitsdefinitionen. Der Besitz eines bestmöglichen Gesundheitszustandes stellt zudem das Grundrecht eines jeden Individuums dar, ungeachtet der Ethnie, religiösen Überzeugung, politischen Weltanschauung sowie der sozialen oder wirtschaftlichen Stellung.[1] Nach Lauterbach (2008) stellt Gesundheit einen lebenslangen Entwicklungsprozess dar, der für den Erhalt, die Nutzung und Stärkung individueller Ressourcen erfordert.[2]

Generell ist unter der *Gesundheitsförderung* ein Prozess zu verstehen, der darauf abzielt, Individuen zu befähigen, ihre Gesundheit zu stärken. Damit das körperliche, seelische und soziale Wohlergehen des Individuums sichergestellt werden kann, muss dabei eine Berücksichtigung von Faktoren, wie die Befriedigung von Bedürfnissen, Wahrnehmung und Verwirklichung von Hoffnungen und Wünschen sowie die Veränderung der Umwelt erfolgen.[3] Definiert und eingeführt wurde der Begriff der Gesundheitsförderung mit der von der von der WHO veröffentlichten *Ottawa-Charta zur Gesundheitsförderung* im Jahr 1986. Mit dieser erfolgte ein Umbruch von der ursprünglichen Auffassung von Gesundheit als professionelle Aufgabe, zu einem konkreten Einbezug der Menschen in den Prozess der Gesundheit und ihrer Förderung.[4] Die Ottawa-Charta umfasst dabei erstmals sämtliche Prinzipien, Handlungsfelder und Ziele der Gesundheitsförderung und ist somit als Resultat eines langjährigen Entwicklungsprozesses sowie als Grundlage für nationale und internationale Weiterentwicklungen in der Gesundheitsförderung zu verstehen. Sowohl im Vorfeld der Ottawa-Charta, als auch nach ihr, erfolgte der Beschluss wesentlicher Ausrichtungen zur Gesundheitsförderung, im Rahmen des WHO-Programms „Gesundheit für alle". Dazu zählen bspw. auch die Resolution der

---

[1] Vgl. WHO (2020), S.1
[2] Vgl. Lauterbach (2008), S.26-28
[3] Vgl. WHO (1986), S.1
[4] Vgl. Dür & Felder-Puig (2001), S.52

Weltgesundheitsversammlung 1977 sowie die Bangkok-Charta 2005.[5] Zu den fünf Handlungsfeldern der Ottawa-Charta gehören folgende: [6]

> - **Schaffung von gesundheitsförderlichen Lebensbereichen** (Förderliche Umweltbedingungen schaffen, zur Förderung von Gesundheitsressourcen)
> - **Entwicklung einer gesundheitsförderlichen Gesamtpolitik**
> - **Entwicklung von persönlichen Kompetenzen**, wobei die Gesundheitserziehung unter Berücksichtigung sozialer und persönlicher Fähigkeiten die Grundlage stellt
> - **Gesundheitsbezogene Gemeinschaftsaktionen** (Stärkung der Individuen zur Förderung der Selbsthilfe)
> - **Neuorientierung der Gesundheitsdienste** (Anpassung an den individuellen Bedürfnissen der Patienten bzw. Klienten und ihre Wahrnehmung als Persönlichkeit)

Abb. 1: Die Handlungsfelder zur Gesundheitsförderung

Quelle: Eigene Darstellung in Anlehnung an WHO (1986), S. 2-4

Im Hinblick auf die fünf zentralen Handlungsfelder, definiert die WHO in der Ottawa-Charta zudem drei wesentliche Handlungsstrategien. Erstere Handlungsstrategie ist das *Vertreten der Interessen* („advocate"). Darunter zu verstehen ist eine positive Einflussnahme auf Gesundheit durch die Schaffung gleicher Voraussetzungen, indem soziale, biologische und politische Faktoren beeinflusst werden. Als zweite Handlungsstrategie versteht die WHO die *Befähigung* bzw. *Ermöglichung* („enable"). Darunter zu verstehen ist die konkrete Kompetenzförderung, welche auf eine gesundheitliche Chancengleichheit abzielt. Mit der Handlungsstrategie *Vermitteln und Vernetzen* („mediate") wird auf eine aktive und dauerhafte Kooperation mit sämtlichen Beteiligten innerhalb sowie außerhalb des Gesundheitssystems abgezielt. Dadurch soll eine Vermittlung der unterschiedlichen Interessen einer Gesellschaft gewährleistet werden.[7] Mit der Gesundheitsdefinition der Ottawa-Charta erfolgt zudem die Erörterung wesentlicher Aspekte, die den modernen Gesundheitsbegriff auszeichnen. Beschrieben wurden diese in einem Rahmenmodell zur Gesundheitsentwicklung, das nun im folgenden Unterkapitel beschrieben werden soll:

1.2 Rahmenmodell zur Gesundheitsentwicklung

Im Zentrum des Rahmenmodells zur Gesundheitsentwicklung stehen die körperlichen, psychischen und sozialen Dimensionen des Gesundheitszustandes, welche sich untereinander

---

[5] Vgl. Spicker & Sprenseis (2008), S.9
[6] Vgl. WHO (1986), S.2-3
[7] Vgl. Miksch (2019), S.115

gegenseitig beeinflussen. So wird ein glückliches Individuum (psychische Gesundheit) eher dazu tendieren, auf andere Menschen zuzugehen und somit besser sozial eingebunden sein (soziale Gesundheit). Der soziale Kontakt wiederum kann protektiv in Bezug auf die körperliche Gesundheit wirken. Entlang dieser drei Dimensionen sind im Modell individuelle Einflussfaktoren situiert (individuelle Gesundheitsdeterminanten), welche sich mit den Gesundheitsdimensionen in einem Wechselspiel befinden. Unter den individuellen Gesundheitsdeterminanten sind neben unveränderbaren Faktoren, wie bspw. Alter, Geschlecht, genetische Dispositionen oder Persönlichkeit auch veränderbare Faktoren, wie bspw. der Lebensstil, spezifische Verhaltensweisen, Gesundheitskompetenzen oder die Selbstwirksamkeitserwartung eines Individuums zu verstehen. Zusätzlich wird die Gesundheit eines Individuums auch von umweltbezogenen Faktoren beeinflusst (umweltbezogene Gesundheitsdeterminanten). Dazu gehören u.a. Faktoren wie die wirtschaftliche Lage, die Wohnverhältnisse sowie Arbeitsbedingungen und -anforderungen. Auch das Gesundheitsversorgungssystem wird unter den umweltbezogenen Faktoren eingeordnet. [8]

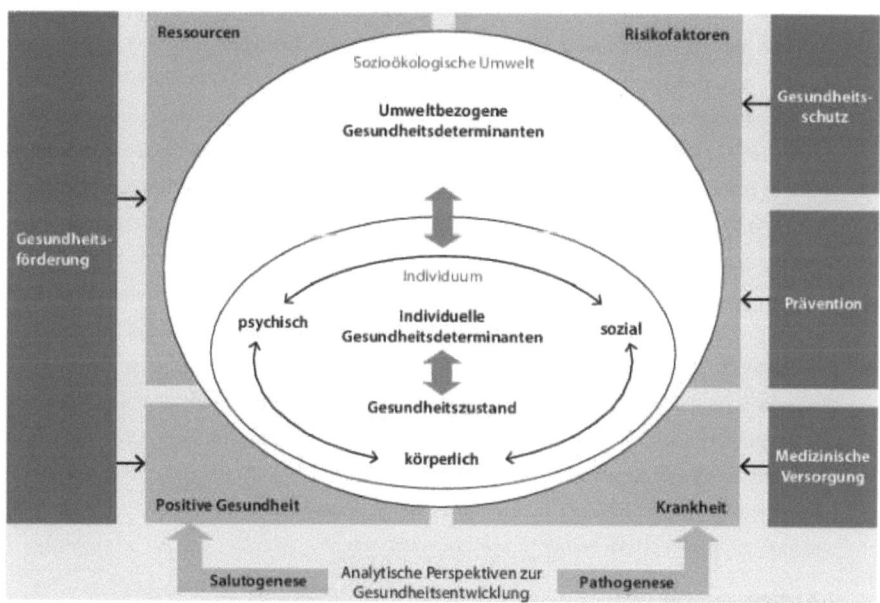

Abb. 2: Rahmenmodell zur Gesundheitsentwicklung

Quelle: Jenny & Bauer (2015), S.209

Das Modell veranschaulicht, wie das Individuum mit seinen individuellen Gesundheitsdeterminanten, seine Gesundheit in Interaktion mit seiner Umwelt kontinuierlich wiederherstellt und

---

[8] Vgl. Bauer & Jenny (2015), S.209

entwickelt. Betrachten lässt sich dieser dynamische Prozess sowohl aus der Perspektive der Pathogenese als auch der Salutogenese. Während die pathogenetische Perspektive, die Auswirkungen von Belastungen und Risikofaktoren auf die Krankheitsentstehung untersucht, fokussiert sich die Salutogenese darauf, wie sich individuelle und umweltbezogene Ressourcen förderlich auf die Entwicklung einer positiven Gesundheit auswirken können. Das Modell besagt zudem, dass Belastungen und Ressourcen im Alltag gleichzeitig auf das Individuum einwirken. In Abhängigkeit davon, ob die pathogenetischen oder salutogenetischen Prozesse überwiegen, entsteht bei dem Individuum mehr Krankheit oder positive Gesundheit. Zusammenfassend postuliert das Modell also, dass Gesundheit ein „dynamisches Gleichgewicht" zwischen den drei Gesundheitsdimensionen, dem Menschen und seiner Umwelt sowie den umweltbezogenen Ressourcen und Belastungen darstellt. Zudem zeigt das Modell auf, welche Interventionsansätze einen Einfluss auf die Gesundheitsentwicklung nehmen können. Der Gesundheitsschutz und die Prävention beziehen sich auf die gesundheitlichen Risiken, wobei die Prävention auf die konkrete Verhinderung bestimmter Erkrankungen ausgerichtet ist, wie bspw. der Reduktion von Herz-Kreislauf-Erkrankungen. Die medizinische Versorgung setzt hingegen erst nach Eintritt einer Erkrankung ein. Die Gesundheitsförderung zielt auf eine individuelle und umweltbezogene Ressourcenförderung ab und möchte eine Stärkung der positiven Entwicklung von Gesundheit induzieren.[9] Mit Blick auf die Ottawa-Charta und das Rahmenmodell zur Gesundheitsförderung, wird also deutlich, dass der moderne Gesundheitsbegriff v.a. durch Aspekte wie Ressourcenorientierung und Salutogenese, Empowerment und Gesundheitskompetenzen, sowie das positive Gesundheitskonzept und die Gesundheitsverantwortung geprägt ist. Zusammenfassend lässt sich also feststellen, dass das positive Konzept von Gesundheit, sich von der Negativdefinition der Gesundheit („Abwesenheit von Krankheit") abgrenzt und psychische, körperliche und soziale Aspekte als Bestandteil von Gesundheit integriert. Zudem liegt ein Fokus auf den individuellen und umweltbezogenen Ressourcen des Individuums und zeigt damit gleichzeitig die Möglichkeit des selbstbestimmten Handelns und der persönlichen Verantwortung des Individuums auf. Der moderne Gesundheitsbegriff ist somit v.a. durch sein dynamisches Verständnis von Gesundheit als Prozess gekennzeichnet. „Gesundsein" ist somit als ein Prozess der Selbstorganisation und der Selbst-Erneuerung eines Individuums innerhalb seiner Umwelt zu verstehen.[10]

1.3 Empowerment

Wie bereits erwähnt wurde, so stellt das Empowerment einen zentralen Aspekt des modernen Gesundheitsbegriffes und auch -verständnisses dar. Das Verständnis des Begriffs

---

[9] Vgl. Bauer & Jenny (2015), S.209-210
[10] Vgl. Udris (2006), S.4-7

Empowerment ist breit gefächert und auch in der Literatur existiert keine einheitliche Definition, was mitunter darauf zurückzuführen ist, dass Empowerment aus den unterschiedlichsten Perspektiven betrachtet werden kann. Auch wenn der Begriff des Empowerments in der Ottawa-Charta nicht als solcher erscheint, so ist seine Bedeutung darin bereits im ersten Satz deutlich erkennbar, in dem es um die Selbstbestimmung eines Individuums geht. Demnach handelt es sich bei Empowerment um einen gesellschaftlichen „Kernprozess" im Rahmen der Gesundheitsförderung.[11] Übersetzen lässt sich der Terminus Empowerment mit „Selbstbefähigung" bzw. „Selbstbemächtigung". Im psychosozialen Kontext sind unter Empowerment sämtliche Arbeitsansätze zu verstehen, welche Individuen in der Entdeckung ihrer persönlichen Stärken unterstützen sollen.[12] Dabei besteht zudem die zentrale Annahme, dass das Individuum bereits über die für eine bestimmte Situation benötigten Fähigkeiten und Ressourcen verfügt und sie lediglich noch nicht „freigesetzt" wurden. Es geht bei Empowerment also nicht um den Erwerb neuer Kompetenzen, sondern um die Hervorbringung und Stärkung bereits vorhandener Potenziale.[13] Erfolgt das Empowerment im Rahmen einer Inanspruchnahme von Gesundheitsdienstleistungen, wird von einem *Patient-Empowerment* gesprochen. Zentral bei diesem Ansatz ist die Idee, Patienten dazu zu ermutigen und zu befähigen, sich kritisch mit ihrer Gesundheit sowie möglichen Problemen zu befassen, aber auch fehlende Ressourcen oder Informationen für die Behandlung „einzufordern". Des Weiteren soll mit Patient-Empowerment zur Förderung eines respektvollen Umgangs miteinander beigetragen werden, da Beziehungsaspekte wie bspw. Vertrauen oder Sicherheit, für den Patienten als Qualitätsmaßstab dienen.[14]

Nach Brandes und Stark (2021) sind Individuen dann „empowered", wenn folgende Kriterien erfüllt sind:[15]

- Vorhandensein eines kompetenten Umgangs hinsichtlich der eigenen Gesundheit
- Verfügbarkeit über einen verbesserten Zugang zu Informationen und Ressourcen
- Verfügbarkeit über mehr Wahlmöglichkeiten und Handlungsalternativen
- Fähigkeit zum kritischen Denken und zum Treffen von Entscheidungen
- Erlernung neuer, für das Individuum relevanter Fähigkeiten
- Besitz eines positiven Selbstbildes und Überwindung von Stigmatisierungen
- Erfahrung von Unterstützung in einem sozialen Netzwerk
- Überzeugung, etwas bewegen zu können
- Fähigkeit, im eigenen Leben und sozialen Umfeld, Veränderungen herbeiführen zu können

---

[11] Vgl. Loss & Wise (2008), S.755/ Herriger (2014), S-1-2
[12] Vgl. Keupp (1987), S.245/Herriger (2014), S.2
[13] Vgl. Keupp (1987), S.245
[14] Vgl. Tunder & Plein (2016), S.257/ Joffe et al. (2003), S.104
[15] Vgl. Brandes & Stark (2021), o.S.

Aus den soeben genannten Kriterien des Empowerments lassen konkrete Förderungsmöglichkeiten ableiten. Herriger (2014) hat diesbezüglich sechs Faktoren zur Förderung von Empowerment in seinem „Modell der Menschenstärke" herausgearbeitet: Als ersten Faktor beschreibt er das Vertrauen des Individuums darin, sein Leben selbstgestalten zu können. Nur wenn der Patient bzw. Klient in seiner eigenen Selbstwirksamkeit bestärkt ist, wird er dazu fähig sein, einen kompetenten Umgang hinsichtlich der eigenen Gesundheit aufzuweisen und Entscheidungen eigenständig zu treffen. Daraus leitet sich ab, dass insbesondere die Förderung der Selbstwirksamkeit des Klienten durch den Behandler, besonders förderlich für die Entwicklung des Empowerments ist. Des Weiteren wird Empowerment gefördert, wenn sich der Arzt oder Therapeut an der individuellen Lebenszukunft des Klienten orientiert. Daneben sollten die „eigenen Wege" und persönlichen Ziele des Klienten akzeptiert und auf strukturierte Hilfepläne verzichtet werden. Zudem wird Empowerment gefördert, indem der Arzt oder Therapeut auch unkonventionelle Lebensentwürfe und den Eigen-Sinn des Patienten bzw. Klienten respektiert. Nur wenn dies erfolgt, ist es dem Patienten bzw. Klienten möglich, Sigmatissierungen zu überwinden und ein positives an seinen persönlichen Stärken orientiertes Selbstbild erlangen. Des Weiteren sollten Ärzte und Therapeuten auf entmündigende Expertenurteile verzichten, um sicherzustellen, dass der Klient über mehrere Handlungsalternativen verfügt, aus denen er frei wählen kann. Auch als förderlich erweist sich die Orientierung an einer „Rechte-Perspektive" sowie das persönliche Eintreten für soziale Gerechtigkeit und Selbstbestimmung. Dadurch ist es dem Patienten möglich, die Erfahrung zu machen, etwas bewegen und auch im sozialen Umfeld Veränderungen herbeiführen zu können, was wiederum das Empowerment fördert.[16]

B2: Beratungsprozess

2.1 Beratung

Bei der *Beratung* handelt es sich um eine Form der Interaktion und Kommunikation zwischen zwei Individuen, wobei ein Individuum über ein kontextbezogenes Fachwissen verfügt und so-mit die Rolle des Beraters einnimmt. Im Fokus steht der kommunikative Austausch zwischen einem Berater und seinem Klienten, der i.d.R. über ein konkretes Anliegen verfügt, mit dem Ziel einer Reflexion und Lösungsentwicklung. Die Deutsche Gesellschaft für Beratung (DGFB) definiert Beratung als eine „fachkundige Partnerschaft auf Zeit". Diese ist (therapie)schulen übergreifend, setzt ein interdisziplinäres Wissensverständnis voraus und beschäftigt sich u.a.

---

[16] Vgl. Herriger (2014), S.72-78

mit „Daseinsbewältigungsfragen". [17] Beratung ist in den verschiedensten Bereichen vorzufinden, so bspw. in der Gesundheits- oder Wirtschaftsbranche. Neben der Differenzierung der unterschiedlichen Bereiche einer Beratung, kann zudem zwischen den einzelnen Handlungsfeldern und Anliegen der Klienten differenziert werden. In der Gesundheitsbranche geht es dabei häufig um Fragen zum Erhalt, zur Förderung oder der Wiedererlangung von „Gesundheit". [18] Häufig bestehen breite Interferenzen zwischen der Beratung und psychotherapeutischen Ansätzen, was darauf zurückzuführen ist, dass die meisten Grundkonzeptionen von Beratung auf psychotherapeutischen Ansätzen beruhen oder von diesen abgeleitet sind. Beratungskonzepte, die fundiert und von den Psychotherapieschulen unabhängig sind, sind nach wie vor die Ausnahme.[19] Trotz dieser engen Verknüpfung, können Beratungen den Ansprüchen einer Therapie nicht gerecht werden und diese nicht ersetzen. Es wird davon ausgegangen, dass der Einsatz von Beratungen nur bei „mittleren Problembelastungen" sinnvoll ist.[20] Nach Culley (2002) lässt sich ein Beratungsprozess in eine Anfangs-, Mittel- und Endphase gliedern, wobei alle Phasen aufeinander aufbauen und in jeder Phase eigene Herausforderungen und Ziele zu bewältigen sind. [21] In der Anfangsphase stellt das Hauptziel die Herstellung einer tragfähigen Beziehung zwischen Berater und Klienten dar. Des Weiteren geht es um eine inhaltliche Erfassung des Ausgangsproblems bzw. des Anliegens des Klienten. Klient und Berater haben die Aufgabe erste Arbeitshypothesen, abgeleitet aus dem Anliegen des Klienten, zu erstellen und einen Arbeitsvertrag auszuformulieren. Des Weiteren erfolgt eine Klärung formaler Rahmenbedingungen. [22] In der Mittelphase des Beratungsprozesses ist es das vorrangige Ziel des Beraters, den Klienten dabei zu unterstützen, seine Anliegen und Probleme neu zu strukturieren und zu bewerten. Die Arbeitsbeziehung soll hierbei aufrechterhalten und Veränderungen angestrebt werden. Somit stellt die Mittelphase die „eigentliche Arbeitsphase" im Beratungsprozess dar. Die dritte Phase, und somit die Endphase zielt auf der Ausführung der von dem Klienten geplanten bzw. erarbeiteten Handlungen ab. Ein weiterer Fokus liegt auf der Beendigung der Beratungsbeziehung, also dem Abschluss der Beratung. [23] Mit der folgenden Abbildung sollen die soeben erläuterten Phasen des Beratungsprozesses, mit ihren jeweils zu bewältigenden Aufgaben, nochmals visualisiert werden:

---

[17] Vgl. Schubert, Roher & Zwicker-Pelzer (2019), S.17
[18] Vgl. Loebbert (2018), S.5-7
[19] Vgl. Schubert, Roher & Zwicker-Pelzer (2019), S.1
[20] Vgl. Thimm (2020), S.96
[21] Vgl. Culley (2002), S.12-13
[22] Vgl. Schubert, Roher & Zwicker-Pelzer (2019), S.156-157
[23] Vgl. Schubert, Roher & Zwicker-Pelzer (2019), S.157-160

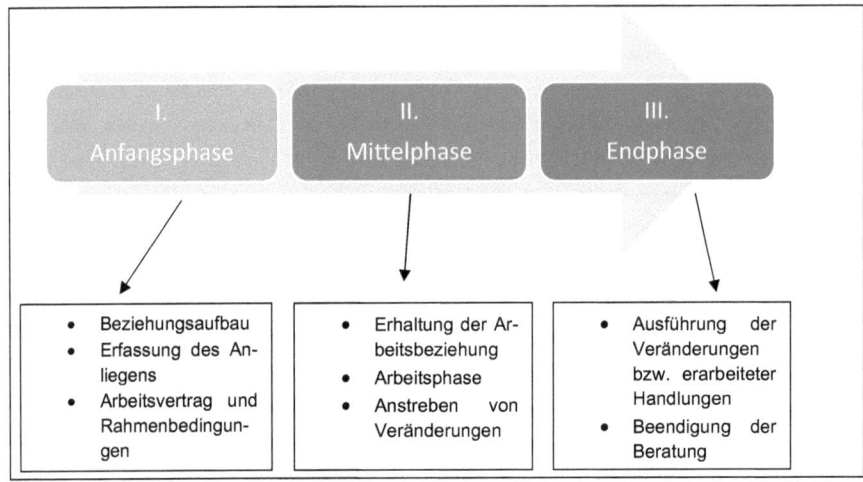

I. Anfangsphase	II. Mittelphase	III. Endphase
• Beziehungsaufbau • Erfassung des Anliegens • Arbeitsvertrag und Rahmenbedingungen	• Erhaltung der Arbeitsbeziehung • Arbeitsphase • Anstreben von Veränderungen	• Ausführung der Veränderungen bzw. erarbeiteter Handlungen • Beendigung der Beratung

Abb. 3: Die Phasen des Beratungsprozesses

Quelle: Eigene Darstellung in Anlehnung an Schubert, Roher & Zwicker-Pelzer (2019), S.157-160

2.2 Schwierige Situationen und Grundregeln

In jeder, der in 2.1 erläuterten Phasen, kann es zu Schwierigkeiten kommen, welche einen Einfluss auf den Beratungsprozess, die Beratungsbeziehung, den Berater und auch dessen körperliche Unversehrtheit nehmen können. In dem Buch „Schwierige Situationen in Therapie und Beratung" beschreiben Noyon und Heidenreich (2020) 34 unterschiedliche Schwierigkeiten, die sich während eines Beratungsprozesses ereignen können, wobei 7 davon im Folgenden näher erläutert werden sollen. Zudem sollen vor diesem Hintergrund ein paar „Grundregeln" im Hinblick auf den Umgang mit diesen Schwierigkeiten oder ihrer Prävention erläutert werden: Eine Schwierigkeit im Beratungsprozess kann sich ergeben, wenn Berater und Klienten nicht über dieselben Ziele und Wertvorstellungen verfügen. Sind die Abweichungen nicht signifikant, so besteht die Möglichkeit, die Diskrepanzen aneinander anzupassen. Bei zentralen Abweichungen empfiehlt es sich für den Berater und den Klienten zu reflektieren, ob eine weitere Zusammenarbeit vor diesem Hintergrund noch möglich ist. Wichtig ist eine ausführliche Besprechung in Bezug auf die Thematisierung der Abweichungen, bevor eine Entscheidung über den Abbruch des Vertrags erfolgt. [24] Eine weitere Schwierigkeit, welche sich am häufigsten in Beratungen ereignet, stellen kurzfristige Terminabsagen sowie das Nicht-Erscheinen zu Terminen dar. Um dies eindämmen zu können, empfehlen sich diesbezüglich

---

[24] Vgl. Noyon & Heidenreich (2020), S.28-30

klare Regelungen im Vertrag. So kann ein Vertrag bspw. regeln, die Beratung bei regelmäßigem Nicht-Erscheinen oder Absagen abzubrechen. [25]

Auch Beratungsabbrüche können ein Problem im Beratungsprozess darstellen, wobei diese mit oder ohne Kontakt zu dem Klienten erfolgen und von beiden Seiten ausgehen können. In der Mehrheit der Fälle ereignet sich ein Beratungsabbruch während einer Krisensituation durch den Klienten, ohne dass dem Berater die Gründe dafür zugetragen werden. Eine Grundregel hierbei wäre, nach Möglichkeit die Ursachen für den Abbruch zu klären. Zudem sollte der Berater in jedem Fall den Abbruchwunsch des Klienten respektieren und das eigene Verhalten kritisch hinterfragen. Auch sollte der Berater einen Abbruch nicht persönlich nehmen oder gekränkt reagieren.[26] Als eine weitere Schwierigkeit beschreiben Noyon und Heidenreich (2020) latente oder sichtbare Abwertungen des Beraters durch den Klienten, wobei sich die Abwertung sowohl auf die Arbeit des Beraters als auch seine Person beziehen können. Grundlegend in einer solchen Situation ist die Herstellung von Distanz und die konkrete Benennung des Verhaltes. Der Berater sollte dabei nicht verteidigend reagieren oder versuchen, die Äußerungen zu ignorieren. Auch von einem „Gegenangriff" ist abzuraten. Selbe Regelungen gelten für den Fall, dass der Klient dem Berater gegenüber aggressiven Verhaltensweisen oder Gewalt zeigt. In „milderen" Formen aggressiven Verhaltens ist das direkte Ansprechen und Aufzeigen der Grenzen oftmals ausreichend. Liegt jedoch eine verstärkte Aggressivität und Gewaltbereitschaft seitens des Klienten vor, so empfiehlt es sich für den Berater, mit seinen Kollegen ein „Sicherheitssystem" zu vereinbaren und sich in Inter- und Supervisionen über den Umgang auszutauschen.[27] Eine weitere Schwierigkeit kann sich in einem Beratungsprozess ergeben, wenn der Klient strafbare Handlungen ausführt, wobei hierbei zwischen strafbaren Handlungen vor und während des Beratungsprozesses differenziert wird. Liegt Ersteres vor, so kann eine unmittelbare Störung des Beratungsprozesses ausgeschlossen werden, da die Tat in der Vergangenheit liegt. Dennoch kann der Berater in Anbetracht dessen, darüber reflektieren, ob er die Beratung aus persönlichen oder ethischen Gründen abbrechen möchte. Führt der Klient strafbare Handlungen während des Beratungsprozesses aus, so gilt die Schweigepflicht, sofern eine Gefährdung Dritter ausgeschlossen werden kann. Kann diese nicht ausgeschlossen werden, so ist der Berater verpflichtet, die Polizei darüber in Kenntnis zu setzen. Eine essentielle Grundregel, welche sich daraus für den Berater ergibt, wäre den Klienten in keinem Fall zu verurteilen oder zu „moralisieren". Des Weiteren empfiehlt sich eine ausführliche Dokumentation sowie die Vermeidung, die Schweigepflicht zu voreilig zu brechen.[28]

---

[25] Vgl. ebd., S.66
[26] Vgl. ebd., S.20-21
[27] Vgl. Noyon &Heidenreich (2020), S.37-41
[28] Vgl. ebd., S.142-144

Auch der Abschluss der Beratung, kann den Autoren zufolge eine Schwierigkeit darstellen. Dies gilt insbesondere dann, wenn die Beziehung nach einem langen Zeitraum endet. So ist es möglich, dass das Beziehungsende von dem Klienten als ein Verlust erachtet wird und er dem Berater gegenüber Verlängerungs- oder Beziehungswünsche äußert. Essentiell an dieser Stelle ist, dass der Berater die Gefühle des Klienten validiert und eine „präventive Bilanzierung" erfolgt. Zudem sollte der Berater davon absehen, eine private Beziehung mit dem Klienten einzugehen.[29] Nachdem nun 7 „klassische Schwierigkeiten" in der Beratung sowie ihre daraus ergebenden Grundregeln erläutert wurden, sollen nun noch ein paar situationsübergreifende Grundregeln für die Beratung erläutert werden: Als Leitsatz für schwierige Situationen gilt Noyon und Heidenreich (2020) zufolge: „Vorbeugen statt Heilen". Das Ziel des Beraters sollte somit sein, problematische Situationen bereits durch vorherige Handlungen vorzubeugen bzw. abzuwenden und die Entstehung schwieriger Situationen nicht zu provozieren. Dies erfordert vom Berater stets eine gewisse „Ausgeglichenheit" sowie die Ausstrahlung von Ruhe und den Verzicht darauf, voreilig zu reagieren. Auch Inter- und Supervisionen, wie sie für viele Berater verpflichtend sind, stellen ein wichtiges Mittel dar, um sich auf komplizierte Situationen besser vorbereiten zu können.[30] Rogers, der sich sehr intensiv mit der Frage auseinandersetzte, was eine erfolgreiche Beratung ausmacht kritisiert primär, dass Beratung bei einer Vielzahl der Fälle zu „direktiv, ermahnend, suggestiv und interpretativ" ist. Zudem vertritt Rogers die Auffassung, dass jedes Individuum das Bedürfnis hat, sich positiv mit sich selbst und seiner Umwelt auseinanderzusetzen, was er als *Selbstexploration* bezeichnet. So strebt laut ihm jeder Mensch nach Liebe, Selbstverwirklichung und Wertschätzung durch andere. Damit der Klient sich dementsprechend aktiv und selbstständig weiterentwickeln kann, braucht es in einer Beratung Empathie, Echtheit und Wärme als Basisqualitäten. Unter *Empathie* versteht Rogers das Verstehen und nichtwertende Eingehen auf ein Individuum und sein Erleben, wobei die Inhalte des emotionalen Erlebens verbalisiert werden sollten. Unter *Echtheit* ist zu verstehen, dass der Berater dem Klienten gegenüber keine Erlebens- und Verhaltensweisen „vorspielt" und sowohl verbal, nonverbal als auch paraverbal, die gleiche Botschaft sendet. Echtheit als Basisqualität ist insofern wichtig, da sie den Vertrauensaufbau unterstützt. Das Gegenteil davon wäre an dieser Stelle „Fassadenhaftigkeit". Letztere Basisqualität der Beratung stellt nach Rogers die *Wärme* dar und beschreibt die Qualität des Beraters, dem Klienten gegenüber Sorge und Respekt ausdrücken zu können. Zudem sollte dem Klienten eine bedingsungslose Wetrschätzung gegenüber gebracht werden. Wärme unterstützt dabei, eine angsfreie Atmosphäre zu schaffen und das Selbstwertempfinden des Klienten zu fördern.[31]

[29] Vgl. ebd., S. 23-26
[30] Vgl. ebd., S.11-13
[31] Vgl. Warschburger (2009), S.14-15

2.3 Compliance und Adhärenz

Wie in 2.2 bereits aufgezeigt wurde, so kann es vorkommen, dass es im Beratungsprozess zur Entstehung schwieriger Situationen kommt, wie bspw. das o.g. Nicht-Erscheinen oder der Abbruch der Beratung. Vor diesem Hintergrund und aufgrund ihrer immensen Auswirkungen auf den Beratungsprozess, sollen nun die Termini *Compliance* und *Adhärenz* erläutert werden:

Unter Begriff „Compliance", was übersetzt so viel wie „Befolgen" bedeutet, war im deutschsprachigen Raum ursprünglich die „Therapiebefolgung" bzw. „Therapietreue" eines Patienten oder Klienten zu verstehen. Zurückzuführen ist das Konzept auf das ursprüngliche Arzt-Patienten-Rollenverständnis. Demnach fungiert der Arzt als Experte, der dem Patienten die Behandlungsmethoden vorgibt, wobei der Patient in der Rolle war, diese zu befolgen. Eine unzureichende Befolgung der vom Arzt vorgegebenen Behandlungsmaßnahmen (Non-Compliance) wurde lange Zeit als ein Verhaltens- oder Einstellungsproblem des Patienten betrachtet.[32] Zunehmend oder gänzlich ersetzt, wird der Compliance-Begriff mittlerweile, durch den der Adhärenz. Die Auffassung, dass ein medizinisch ideales Behandlungskonzept zwecklos ist, solange der Patient bzw. Klient nicht gewillt oder fähig ist, es umzusetzen, mündete in die Forderung nach mehr Kooperation von Seiten der Ärzte im Rahmen der Entwicklung von Behandlungsmaßnahmen und Therapiezielen. Im Unterschied zur Compliance, so inkludiert der Adhärenz-Begriff die Notwendigkeit der aktiven Einbindung der Klienten in Entscheidungen über den Behandlungsprozess.[33] Dem Patienten bzw. Klienten werden somit Autonomie und Eigenverantwortlichkeit zugeschrieben, woraus resultiert, dass sämtliche Entscheidungen von diesem mitbestimmt werden und er somit aktiv am Behandlungsprozess eingebunden wird. Die Adhärenz stellt kein stabiles Persönlichkeitsmerkmal des Klienten dar, sondern ist situationsbedingt und kann im Behandlungsverlauf unterschiedliche Ausprägungen annehmen. Die Bereitschaft eines Klienten, an der Behandlung mitzuwirken kann zudem über die Zeit hinweg stark variieren.[34] Anhaltspunkte dafür, dass die Persönlichkeitsmerkmale eines Klienten, einen Einfluss auf die Adhärenz nehmen können, liefern Studien, welche die Adhärenz im Rahmen von Medikamenteneinnahmen untersuchten. Die Ergebnisse liefern Hinweise dafür, dass Individuen mit einer höheren Ausprägung der Merkmale Verträglichkeit, Gewissenhaftigkeit und einer niedrigen Ausprägung des Merkmals Neutralismus, eine höhere Adhärenz aufweisen. Die Ergebnisse sind jedoch lediglich als Anhaltspunkte zu interpretieren, da die Studien dem therapeutischen Bereich und nicht dem präventiven Bereich entspringen.[35] Des Weiteren existiert bisher im Hinblick auf die Adhärenz weder eine universelle Definition noch eine

---

[32] Vgl. Ehlert (2016), S.54-55
[33] Vgl. Razum & Kolip (2020), S.1006
[34] Vgl. Ehlert (2016), S.55
[35] Vgl. Axelsson et al. (2011)/ Bruce et al. (2010), S. 225-227

einheitliche Standardmethode, welche eine wissenschaftliche Messung der Ausprägung somit ermöglichen könnte.[36]

Für den Beratungsprozess ist der Begriff der Adhärenz insoweit bedeutend, da aus einem nicht-adhärenten Verhalten eines Klienten, Störungen bzw. Schwierigkeiten resultieren, welche im vertrauensvollen Beratungssetting thematisiert werden sollten.[37] Um die Adhärenz eines Klienten zu erhöhen und Störungen im Beratungsprozess zu verringern, ist es somit essentiell, den Klienten bei der Entwicklung eines Beratungsplans aktiv einzubinden und seine individuellen Bedürfnisse zu berücksichtigen. Aufgrund des kooperativen Verständnisses von Beratung, wird dem Compliance-Begriff in seiner ursprünglichen Auffassung in der Beratung keine Bedeutung mehr zugemessen.[38]

B3: Kommunikation und Beratung

3.1 Kommunikation

Eine Vielzahl an Forschungsdisziplinen (wie bspw. die Psychologie, Soziologie und Kommunikationswissenschaften) befasst sich bereits intensiv mit dem Phänomen der Kommunikation und auch innerhalb der Psychologie wird der Kommunikationsbegriff nahezu „inflationär" verwendet, was eine einheitliche Definition erschwert.[39] Zurückzuführen ist der Terminus *Kommunikation* auf den lateinischen Begriff *communicatio*, was so viel wie „Unterredung" oder „Mitteilung" bedeutet. Während sich die anfängliche lateinische Auffassung alleinig auf den verbalen interpersonellen Austausch bezog, so ist das heutige Verständnis von Kommunikation sehr viel umfassender. Im Allgemeinen wird unter Kommunikation ein Informationsaustausch beschrieben, welcher nicht notwendigerweise die Beteiligung von Individuen erfordert.[40] Kommunikation kommt dabei immer durch die Übermittlung unterschiedlichster Zeichen zustande, wie bspw. durch Laute, Buchstaben, Gesichtsaudrücke oder auf taktiler Ebene über die Braille-Schrift. Ausschlaggebend für eine Kommunikation ist die Verbindung zwischen den Zeichen und ihrer Bedeutung.[41] Zwischen dem Sender und Empfänger befindet sich ein sog. *Medium,* das den Überträger der Mitteilung darstellt. (So bspw. Zeitschriften, Datenleitungen oder Luft als Überträger von Sprache.) Ein wesentliches Merkmal der Kommunikation stellt die *Interpendenz,* also die gegenseitige Kontrolle durch den Sender und die Aufnahme sowie Interpretation durch den Empfänger dar. Eine Trennung der

---

[36] Vgl. Mechler & Häge (2019), S.1
[37] Vgl. Karim & Bialek (2021), S.73-74
[38] Vgl. Karim & Bialek (2021), S.73-74
[39] Vgl. Delhees (1994), S.33
[40] Vgl. Gaßmann, Marschall & Utschakowski (2006), S.126
[41] Vgl. Kergel & Heidkamp-Kergel (2022), S.5-6

Kommunikation von der Interaktion erweist sich als schwierig, da die Kommunikation häufig als Bestandteil einer Interaktion betrachtet wird. [42] Grundsätzlich lassen sich auf der Metaebene drei Formen der Kommunikation differenzieren:

1. Face-to-Face-Kommunikation
2. Schriftliche und medial vermittelte Kommunikation
3. Massenmediale und öffentliche Kommunikation

Insbesondere für die Face-to-Face-Kommunikation lassen sich bestimmte Einflussfaktoren festmachen, wie interpersonelle Charakteristika (Motivation, Temperament und Befindlichkeit), bestimmte Situationsmerkmale (Qualität der Beziehung, Gesprächsauslöser) oder variable Kontextbedingungen (Unterstützung durch das soziale Umfeld oder Normen und Werte einer Gesellschaft).[43]

Auch in der Gesundheitsförderung stellt die Kommunikation eine relevante Thematik dar, da sie neben einer Vielzahl anderer Faktoren, mit der Gesundheit eines Individuums korreliert. So ist es belegt, dass ausgeprägte Störungen in zwischenmenschlichen Kommunikations- und Interaktionsprozessen, negative Auswirkungen auf die Gesundheit haben können. Zu nennen sind hier insbesonders autoritäre Führungsstile oder Mobbing, welche die Entstehung von Krankheiten begünstigen können.[44] Um die Komplexität von Kommunikationsvorgängen verständlich zu machen, wurde eine Vielzahl an Kommunikationsmodellen entwickelt. [45] Ein klassisches Kommunikationsmodell ist das sog. *Kommunikationsquadrat* nach Schulz von Thun, dessen Erläuterung im Nachfolgenden erfolgen soll.

3.2 Kommunikationsquadrat nach Schulz von Thun

Das Kommunikationsquadrat stellt eine Weiterentwicklung des *Zwei-Aspekte-Modells der Kommunikation* dar und versucht, die Funktionsweise von Kommunikation abzubilden. Es geht auf den Psychologen Friedemann Schulz von Thun zurück und ist auch unter den Termini „Nachrichtenquadrat" oder „Vier-Seiten-Modell" bekannt. Die dem Modell zugrundeliegende Annahme ist, dass jegliche Kommunikation zwischen Sender und Empfänger komplex ist und jede Nachricht vier Botschaften gleichzeitig umfasst. Schulz von Thun identifiziert dabei vier Ebenen der Kommunikation, wobei die Annahme besteht, dass sich der Sender i.d.R. auf eine oder zwei dieser Ebenen konzentriert und unbeabsichtigt auf den anderen Ebenen

---

[42] Vgl. Becker, Ebert & Pastoors (2018), S.20
[43] Vgl. Baller & Schaller (2017), S.12-13
[44] Vgl. Badura, Walter & Steinke (2012), S.548
[45] Vgl. Kergel & Heidkamp-Kergel (2022), S.5-6

„mitsendet".[46] Zu diesen Ebenen gehören nach Schulz von Thun (1997) die Sachebene, die Ebene der Selbstkundgabe, die Beziehungsebene und die Appellebene. Auf der Sachebene erfolgt die Mitteilung von Daten und Fakten. Die Nachricht des Senders enthält eine Sachinformation. Mit der Ebene der Selbstkundgabe werden Informationen hinsichtlich der eigenen Person, wie bspw. Bedürfnisse, Werte und Gefühle, kommuniziert. Auf der Beziehungsebene steht die Art und Weise, wie der Sender zum Empfänger steht, im Fokus. Als primäre Ausdrucksebene gelten hierbei die Mimik und der Tonfall des Senders. Letztere Ebene, die Appellebene hingegen offenbart, was der Sender mit seiner Nachricht erreichen möchte. Dabei werden in offener oder verdeckter Form Appelle an den Empfänger gesendet, um ihn bspw. zu einem bestimmten Verhalten zu veranlassen.[47] Zur besseren Veranschaulichung wurde das Kommunikationsquadrat in der folgenden Abbildung nochmals dargestellt:

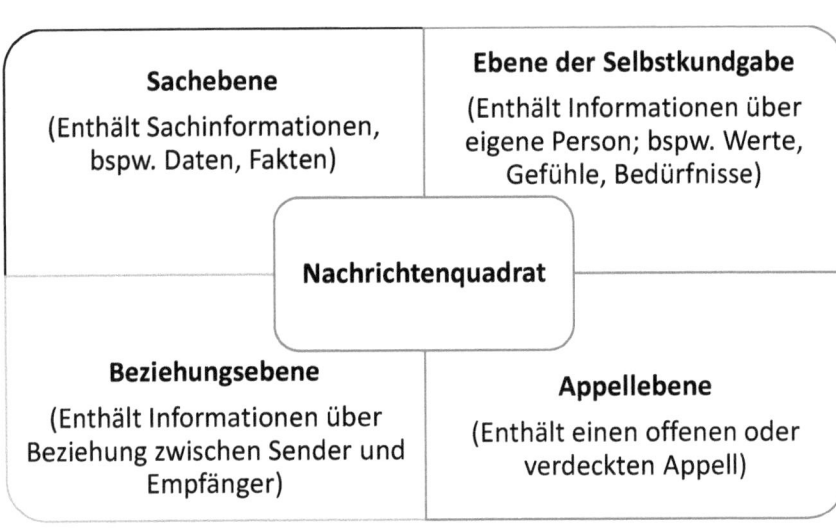

Abb. 4: Das Nachrichtenquadrat nach Schulz von Thun (1997)

Quelle: Eigene Darstellung in Anlehnung an Schulz von Thun (1997), S.26-29

Störungen in der Kommunikation lassen sich nach Schulz von Thun dadurch erklären, dass Sender und Empfänger auf unterschiedlichen Ebenen kommunizieren. Ein Individuum, das besonders empfänglich für die Beziehungsebene ist, würde demnach eine beziehungsneutrale Nachricht auf der Beziehungsebene empfangen und auf persönlicher Ebene bewerten.[48]

---

[46] Vgl. Kergel & Heidkamp-Kergel (2022), S.9
[47] Vgl. Schulz von Thun (1997), S.26-29
[48] Vgl. Schulz von Thun (1997), S.29-30

Individuen, welche verstärkt auf der Sachebene empfänglich sind, können demnach Schwierigkeiten aufweisen, zwischenmenschliche Konflikte wahrzunehmen. Des Weiteren können sie zu einer Versachlichung von Situationen neigen. Individuen mit einer ausgeprägten Appellebene verstehen demnach Aussagen oftmals als konkrete Handlungsaufforderungen. Ist ein Individuum besonders empfänglich auf der Ebene der Selbstkundgabe, besteht die Gefahr des verstärkten Analysierens der Aussagen des Gegenübers. Es kann zu einer Verhinderung der eigenen Betroffenheit kommen.[49] Welcher Qualität eine Kommunikation letztlich unterliegt, hängt nach Schulz von Thun davon ab, wie gut dem Empfänger die Entschlüsselung einer Botschaft gelingt und ob ein Individuum „einseitige Empfangsgewohnheiten" aufweist, die eine Störung in der Kommunikation begünstigen können. Die vier o.g. Ebenen gelten somit nicht lediglich für das Senden, sondern auch für das Empfangen von Nachrichten, wobei nicht immer klar ist, ob der Empfänger die Nachricht auf der Ebene erhält, auf der der Sender sie abgeschickt hat.[50]

3.3 Fiktives Fallbeispiel

Nachdem das Kommunikationsmodell nach Schulz von Thun erläutert wurde, soll nun im Folgenden ein fiktives Fallbeispiel für eine herausfordernde Gesprächssituation aus der beruflichen Praxis eines Beraters beschrieben werden. Anschließend soll darauf eingegangen werden, wie mithilfe des Nachrichtenquadrates das Gehörte eingeordnet und das Gespräch gesteuert werden kann:

Setting: Eine Klientin (Frau K.) und ihre Beraterin (Frau B.) in der psychologischen Beratungsstelle.

Klientin: „Frau B., das ist jetzt schon mein 4. Beratungstermin bei Ihnen und trotzdem geht es mir immer noch so schlecht wie vorher. Nichts, was wir hier besprochen haben, hat mir bisher geholfen!"

Wie bereits in Kapitel 3.2 erläutert wurde, so unterliegt die Kommunikationsqualität der Entschlüsselungsfähigkeit des Empfängers, wobei auch „einseitige Empfangsgewohnheiten" Störungen in der Kommunikation begünstigen können.[51] Unter Berücksichtigung des Nachrichtenquadrats, so ergeben sich vier folgende Möglichkeiten, wie Frau B. das Gesagte auffassen könnte: Empfängt Frau B. die Nachricht auf der Sachebene, so würde sie der Aussage, die Information entnehmen, dass der Zustand der Klientin nach 4 Sitzungen unverändert

---

[49] Vgl. Baller & Schaller (2017), S.25
[50] Vgl. Röhner & Schütz (2016), S.33
[51] Vgl. Röhner & Schütz (2016), S.33

ist. Auf der Beziehungsebene, die darüber informiert, wie der Sender zum Empfänger steht, gibt die Klientin der Beraterin möglicherweise bewusst oder unbewusst zu verstehen, dass sie sie für fachlich unqualifiziert hält. Auf der Selbstoffenbarungs-Ebene könnte Frau B. aus der Aussage schließen, dass die Klientin bereits alle der erarbeiteten Vorschläge ausprobiert hat, aber keiner funktionierte. Auf der Appellebene könnte Frau B. bspw. folgende Aufforderung deuten: „Zeigen Sie mir neue Lösungsmöglichkeiten auf, mit denen es mir besser geht!."

Wie das soeben erläuterte Fallbeispiel verdeutlicht, so ist Kommunikation nicht immer zielführend und Individuen unterscheiden sich darin, wie gut sie kommunizieren können. Die Fähigkeit des Senders, angemessene Verhaltensweisen auszuwählen und persönliche Ziele zu erreichen, ohne das Gegenüber zu verletzen, wird als *Kommunikationskompetenz* bezeichnet. Diese Kompetez umfasst demnach nicht lediglich das Wissen über eine Sprache, sondern auch ihren förderlichen Einsatz. [52] Das Nachrichtenquadrat nach Schulz von Thun lässt sich dahingehend zielführend nutzen, dass durch die Kenntnis über das Modell, bestimmte Ohren „auf Empfang geschaltet" werden können. Für eine faktenbasierte Diskussion in einer Beratung, ist eine verstärkte Wahrnehmung auf der Sachebene förderlich. Die anderen Ebenen laufen eher der Gefahr, auf der Interpretation des Empfängers, also in diesem Fall, der Beraterin zu beruhen.[53] Das Gespräch würde sich demnach sich also zielführend steuern lassen, indem die Beraterin, das Nachrichtenquadrat im Hinterkopf behält und versucht, nur auf der Sachebene zu reagieren und die Anliegen und Wünsche der Klientin sachlich zu erfragen, statt sie automatisch zu interpretieren. Bspw. orientiert an der Gesprächstechnik des aktiven Zuhörens, könnte Frau B. folgendermaßen antworten und gleichzeitig die Richtigkeit der eigenen Interpretationen erfragen [54]: *Ich nehme Ihre Verzweiflung wahr und kann diese auch nachvollziehen. Liege ich richtig, wenn ich Ihre Aussage dahingehend interpretiere, dass Sie sich wünschen, gemeinsam neue Lösungsmöglichkeiten zu erarbeiten?* Wichtig, auch im Hinblick auf der Berücksichtigung des Nachrichtenquadrats ist, dass die Beraterin ihre eigenen Aussagen wertfrei formuliert. [55] Somit soll unterstützt werden, dass die Klientin, die Aussage möglichst auf der Sachebene empfängt. Stellen Kommunikationsschwierigkeiten in der Beratung ein häufigeres Thema dar, so könnte die Beraterin das Nachrichtenquadrat auch „psycho-edukativ" einsetzen, indem sie es der Klientin visualisiert und erläutert. Dies wäre insofern sinnvoll, da wie bereits erwähnt wurde, die Kommunikationskompetenz auch durch Wissen über Sprache und Kommunikation bedingt ist. [56]

---

[52] Vgl. Röhner & Schütz (2016), S.9
[53] Vgl. Zoller & Nussbaumer (2019), S.137
[54] Vgl. Hoos-Leistner (2019), S.56-57
[55] Vgl. Hoos-Leistner (2019), S.19-20
[56] Vgl. Röhner & Schütz (2016), S.9

Literatur- und Quellenverzeichnis

Axelsson, M., Brink, E., Lundgren, J. & Lötvall, J. (2011). The influence of personality traits on reported adherence to medication in individuals with chronic disease: an epidemiological study in West Sweden. *PLoS One*, 6(3), 18241. https://doi.org/10.1371/journal.pone.0018241

Badura, B., Walter, U. & Steinke, M. (2012) Grundlagen einer Public Health Strategie für die Arbeitswelt. In: Hurrelmann, R. *Handbuch Gesundheitswissenschaften* (2012). Weinheim, Basel: Beltz Juventa Verlag

Baller, G. & Schaller, G. (2017). *Kommunikation im Krankenhaus. Erfolgreich kommunizieren mit Patienten, Arztkollegen und Klinikpersonal.* Berlin, Heidelberg: Springer Gabler

Brandes, S. & Stark, W. (2021). Empowerment/Befähigung. In*: Leitbegriffe der Gesundheitsförderung.* Verfügbar unter: https:www.leitbegriffe.bzga.de/alphabetisches-verzeichnis/empowermentbefaehigung (letzter Zugriff am 19.04.2023)

Bauer, G. & Jenny, G. (2015). Gesundheit in Wirtschaft und Gesellschaft. In: Moser, K. (Hrsg.). (2015). *Wirtschaftspsychologie.* Heidelberg: Springer

Becker, J. H., Ebert, H. & Pastoors, S. (2018). *Praxishandbuch berufliche Schlüsselkompetenzen. 50 Handlungskompetenzen für Ausbildung, Studium und Beruf.* Berlin, Heidelberg: Springer. https://doi.org/10.1007/978-3-662-54925-4

Bruce, J.M., Hancock, L.M., Arnett, P. & Lynch, S. (2010). Treatment adherence in multiple sclerosis: Association with emotional status, personality, and cognition. *Journal of Behavioral Medicine*, 33(3), 219-227. https://doi.org/10.1007/s10865-010-9247-y

Culley, S. (2002). *Beratung als Prozeß. Lehrbuch kommunikativer Fertigkeiten.* Weinheim: Beltz

Delhees, K. H. (1994). *Soziale Kommunikation. Psychologische Grundlagen für das Miteinander in der modernen Gesellschaft.* Opladen: Westdeutscher Verlag

Dür, W. & Felder-Puig, R. (2011). *Lehrbuch Schulische Gesundheitsförderung.* Bern: Hogrefe AG

Ehlert, U. (Hrsg.) (2016). *Verhaltensmedizin* (2.Aufl.) Berlin, Heidelberg: Springer. https://doi.org/10.1007/978-3-662-48035-9

Gaßmann, M., Marschall, W. & Utschakowski, J. (2006*). Psychiatrische Gesundheits- und Krankenpflege – Mental Health Care.* Berlin, Heidelberg: Springer. https://doi.org/10.1007/3-540-31705-8

Herriger, N. (2014). *Empowerment in der Sozialen Arbeit. Eine Einführung* (5.Aufl.) Stuttgart: Kohlhammer

Hoos-Leistner, H. (2019). *Kommunikation im Gesundheitswesen.* Berlin: Springer. https://doi.org/10.1007/978-3-662-59220-5

Karim, A. A. & Bialek, N. (2021). *Beratung* (2.Aufl.). Riedlingen: SRH Fernhochschule

Kergel, D. & Heidkamp-Kergel, B. (2022). *Beratung und Kommunikation.* Wiesbaden: Springer. https://doi.org/10.1007/978-3-658-39926-9

Keupp, H. (1987). *Ermutigung zum aufrechten Gang.* Tübingen: DGVT Verlag

Lauterbach, M. (2008). *Gesundheitscoaching. Strategien und Methoden für Fitness und Lebensbalance im Beruf* (2.Aufl.). Heidelberg: Carl-Auer

Loebbert, M. (2018). *Coaching Theorie. Eine Einführung* (2.Aufl.). Wiesbaden: Springer

Loss, J. & Wise, M. (2008). Evaluation von Empowerment – Perspektiven und Konzepte von Gesundheitsförderern. Ergebnisse einer qualitativen Studie in Australien. *Gesundheitswesen* 2008, 70: 755-763. https://doi.org/10.1055/s-0028-1103260

Mechler, K. & Häge, A. (2019). *„Drugs Don't Work In Patients Who Don't Take Them".* Zeitschrift für Kinder- und Jugendpsychiatrie und Psychotherapie, 1-5

Miksch, A. (2019). Gesundheitsförderung. In: Klimm, H. D. & Klimm, F. P. (Hrsg.). *Allgemeinmedizin: Der Mentor für die Facharztprüfung und die allgemeinmedizinische ambulante Versorgung* (6.Aufl.). Stuttgart: Thieme Verlag

Noyon, A. & Heidenreich, T. (2020). *Schwierige Situationen in Therapie und Beratung. 34 Probleme und Lösungsvorschläge* (3.Aufl.). Weinheim: Beltz

Razum, O. & Kolip, P (2020). *Handbuch Gesundheitswissenschaften* (7.Aufl.). Weinheim: Beltz Juventa

Röhner, J. & Schütz, A. (2020). *Psychologie der Kommunikation.* Berlin, Heidelberg: Springer

Schubert, F. C., Rohr, D. & Zwicker-Pelzer, R. (2019). *Beratung. Grundlagen – Konzepte – Anwendungsfelder.* Wiesbaden: Springer. https://doi.org/10.1007/978-3-658-20844-8

Schulz von Thun, F. (1997). *Miteinander reden: 1. Störungen und Klärungen. Allgemeine Psychologie und Kommunikation.* Hamburg: Rowohlt Taschenbuch Verlag GmbH

Spicker, I. & Sprenseis, G. (2008). *Gesundheitsförderung stärken*. Wien: Facultas Verlag

Thimm, K. (2020). *Methoden der Sozialen Arbeit an der Hochschule lehren und lernen. Beraten und Hilfe gestalten*. Weinheim, Basel: Beltz Juventa Verlag

Tunder, R. & Plein J. (2016). Patient Empowerment als wirksames Instrument zur Steigerung der Behandlungsqualität. In: Pfannstiel, M. A., Rasche, C. & Mehlich, H. (2016). *Dienstleistungsmanagement im Krankenhaus. Nachhaltige Wertgenerierung jenseits der operativen Exzellenz*. Wiesbaden: Springer. https://doi.org/1007/978-3-658-08429-5

Udris, I. (2006). Salutogenese in der Arbeit – ein Paradigmenwechsel?. *Wirtschaftspsychologie, Sonderheft zur Salutogenese in der Arbeit*, 8 (2/3), 4-13

Warschburger, P. (Hrsg.) (2009). *Beratungspsychologie*. Heidelberg: Springer

Weltgesundheitsorganisation/ World Health Organization (WHO) (1986). Ottawa-Charta zur Gesundheitsförderung. URL: https://www.euro.who.int/data/assets/pdf_file/0006/129534/Ottawa_Charter_G.pdf?ua=1 (letzter Zugriff am 13.02.2023)

Weltgesundheitsorganisation/ World Health Organization (WHO) (2020). *Verfassung der Weltgesundheitsorganisation*. URL: https://fedlex.data.admin.ch/filestore/fedlex.data.admin.ch/eli/cc/1948/1015_1002_976/20200706/de/pdf-a/fedlex-data-admin-ch-eli-cc-1948-1015_1002_976-20200706-de-pdf-a.pdf (letzter Zugriff am 01.02.2023)

Zoller, K. & Nussbaumer, P. (2019). *Persönlichkeitsbewusste Mitarbeiterführung. Den eigenen Führungsstil reflektieren und erfolgreich weiterentwickeln*. Wiesbaden: Springer Gabler. https://doi.org/10.1007(978-3-658-26350-8

BEI GRIN MACHT SICH IHR WISSEN BEZAHLT

- Wir veröffentlichen Ihre Hausarbeit,
  Bachelor- und Masterarbeit

- Ihr eigenes eBook und Buch -
  weltweit in allen wichtigen Shops

- Verdienen Sie an jedem Verkauf

Jetzt bei www.GRIN.com hochladen und kostenlos publizieren